Karibu

Teil A Grundschrift

Erarbeitet von:
Katharina Berg, Astrid Eichmeyer, Heidrun Kunze,
Esther Mager, Claudia Stiebritz, Kerstin von Werder

Wissenschaftliche Beratung:
Carola Reuter-Liehr

Illustriert von Svenja Doering und Susanne Schulte

westermann

1

❶ 🖉 Male Muster.

1 ⬚→⬚ Verbinde die Reime.

2 ⬚→⬚ Verbinde die Reime.

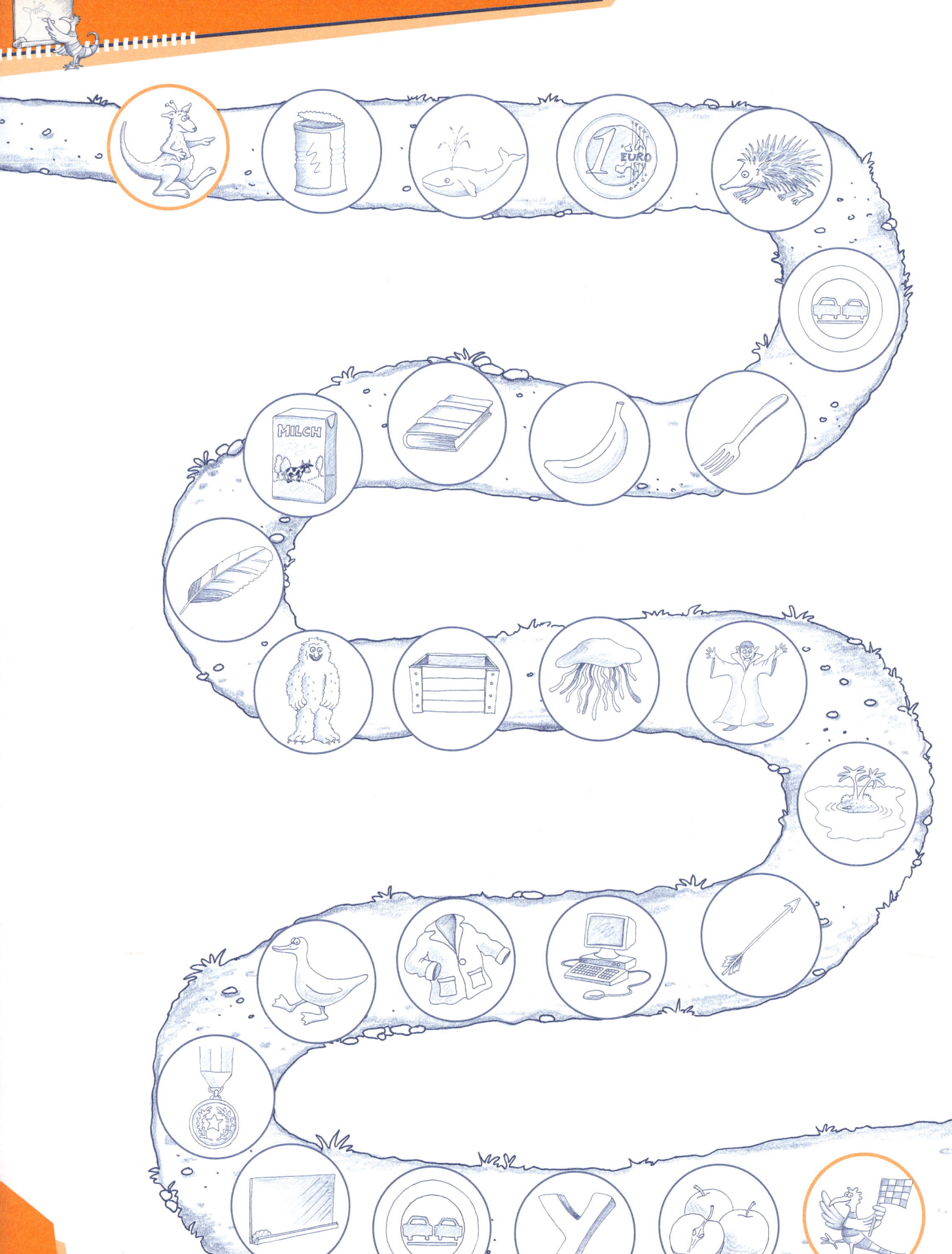

❶ 🐦✏️ Male Silbenbögen.

  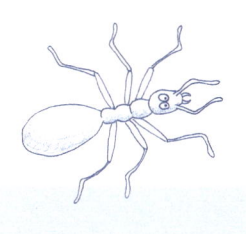

❷ 🐦✏️ Male Silbenbögen.

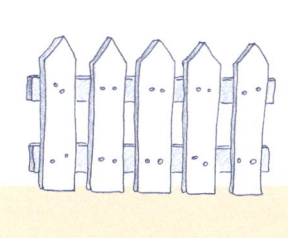  

  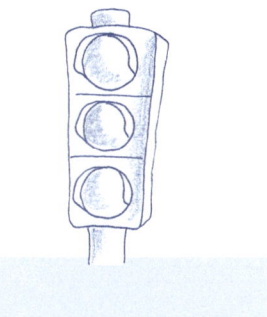

1 🐦 ⬚⇢⬚ Schwinge und verbinde.

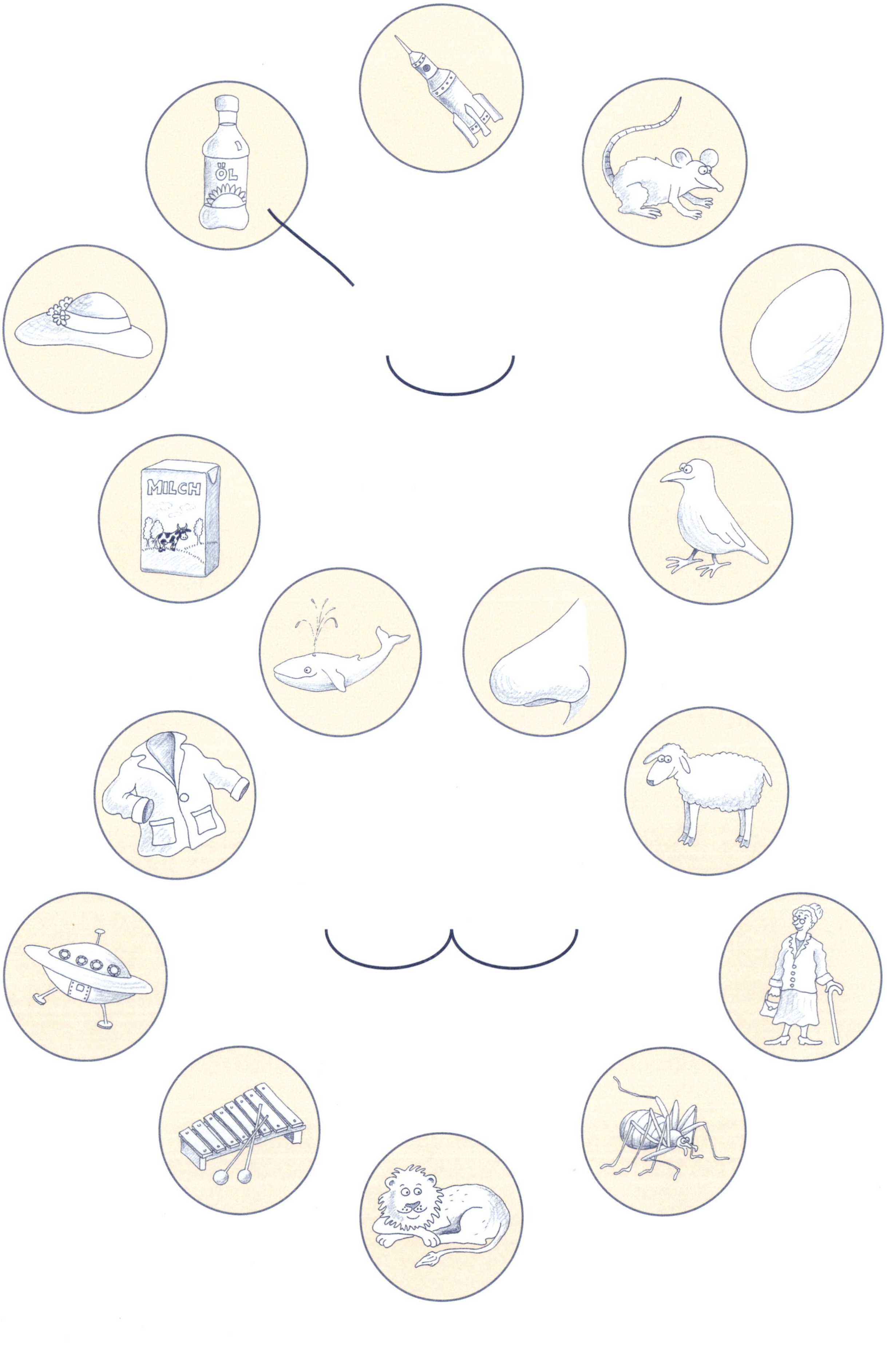

1  Male Silbenbögen.

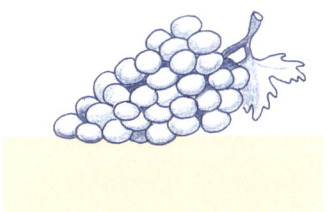

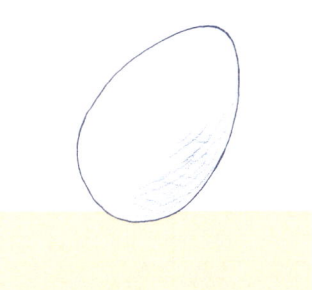

2  Male Silbenbögen.

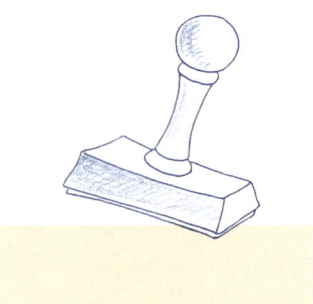

❶ 👁 🧩 Lies und verbinde.

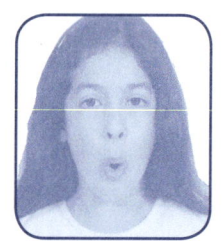

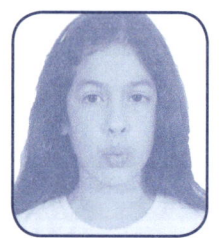

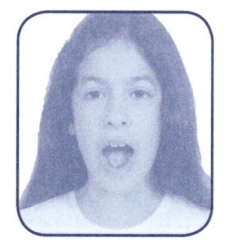

❷ 👁 🧩 Lies und verbinde.

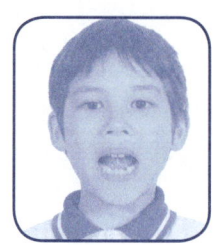

1 🔊 Höre und verbinde.

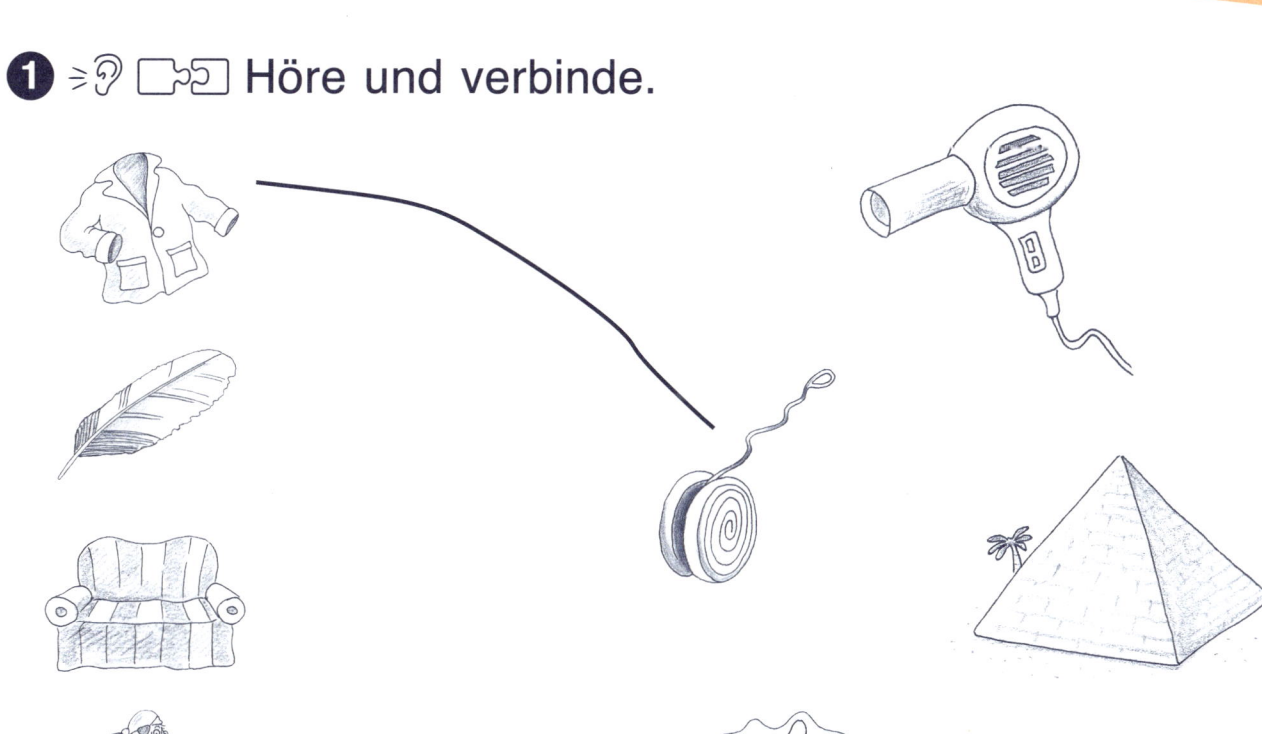

2 🔊 Höre und verbinde.

1 ≋👂 ✏️ In welchem Wort hörst du den Laut? Male an.

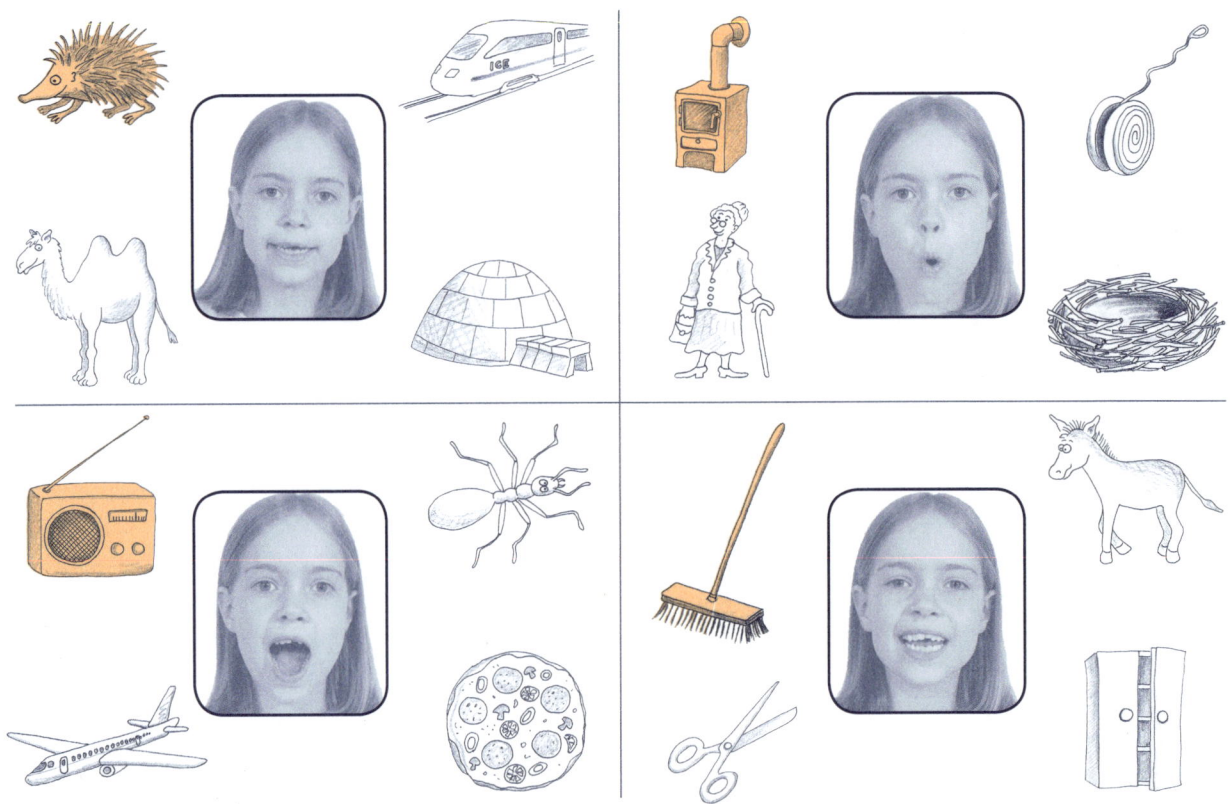

2 ≋👂 ✏️ In welchem Wort hörst du den Laut? Male an.

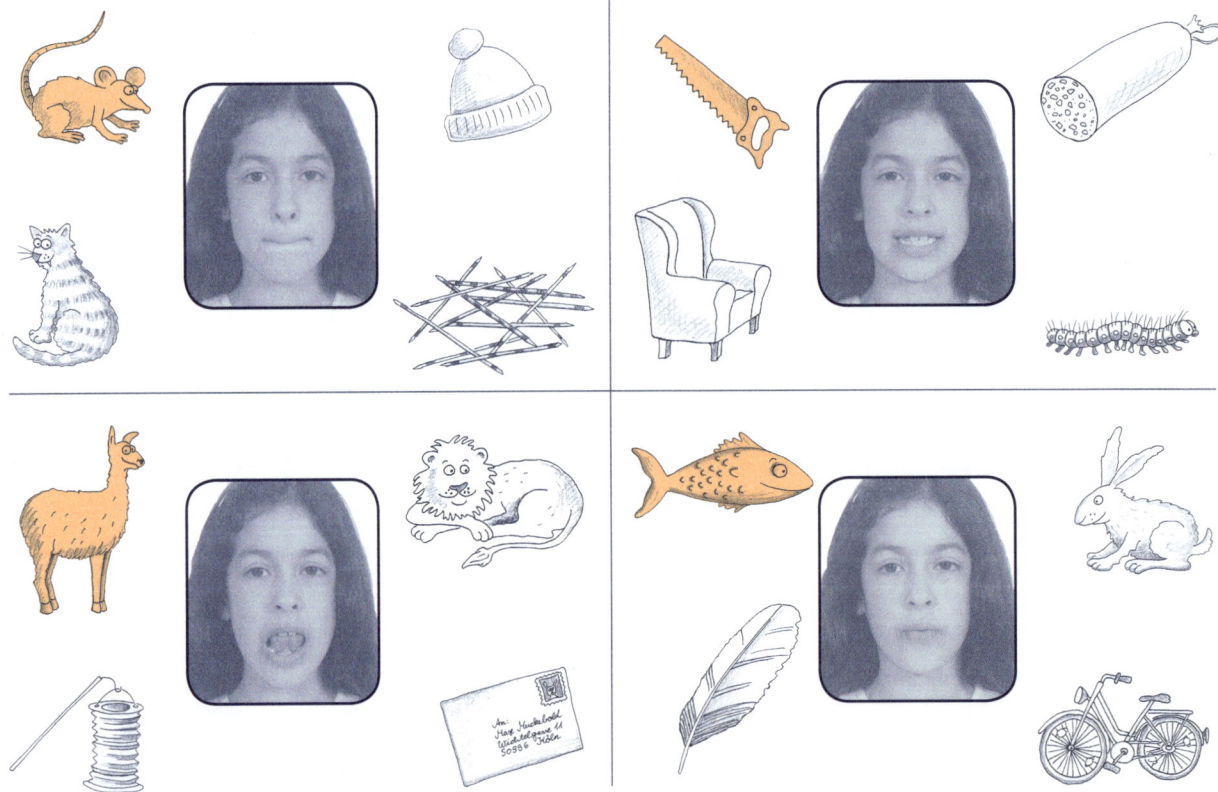

1 🦻 ✏️ Was klingt anders?

2 👁️ ✏️ Suche und schreibe.

1 👁 ✏ Suche und male.

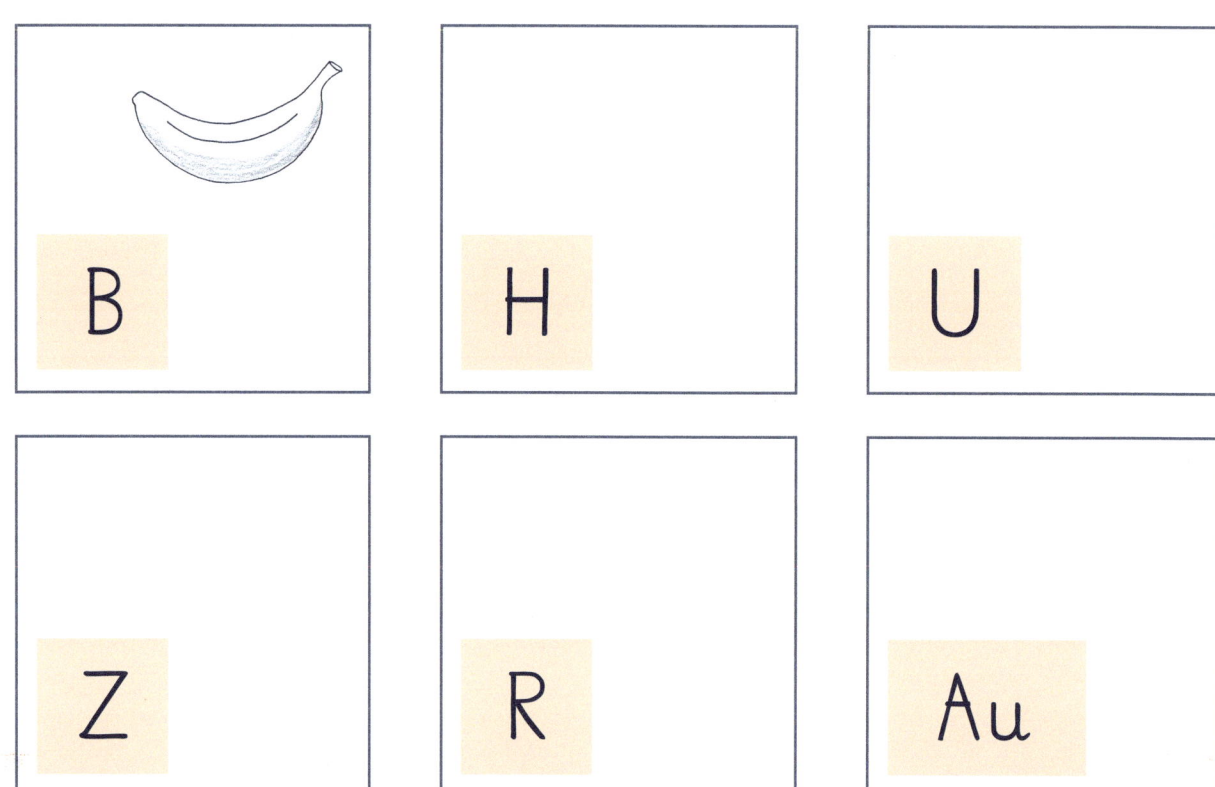

B	H	U
Z	R	Au

2 👂 ✏ Suche und schreibe.

N_ase

___aus

___eder

___al

___iste

1 ⬛▸⬛ Verbinde die Reime.

2 ⬛▸⬛ Verbinde die Reime.

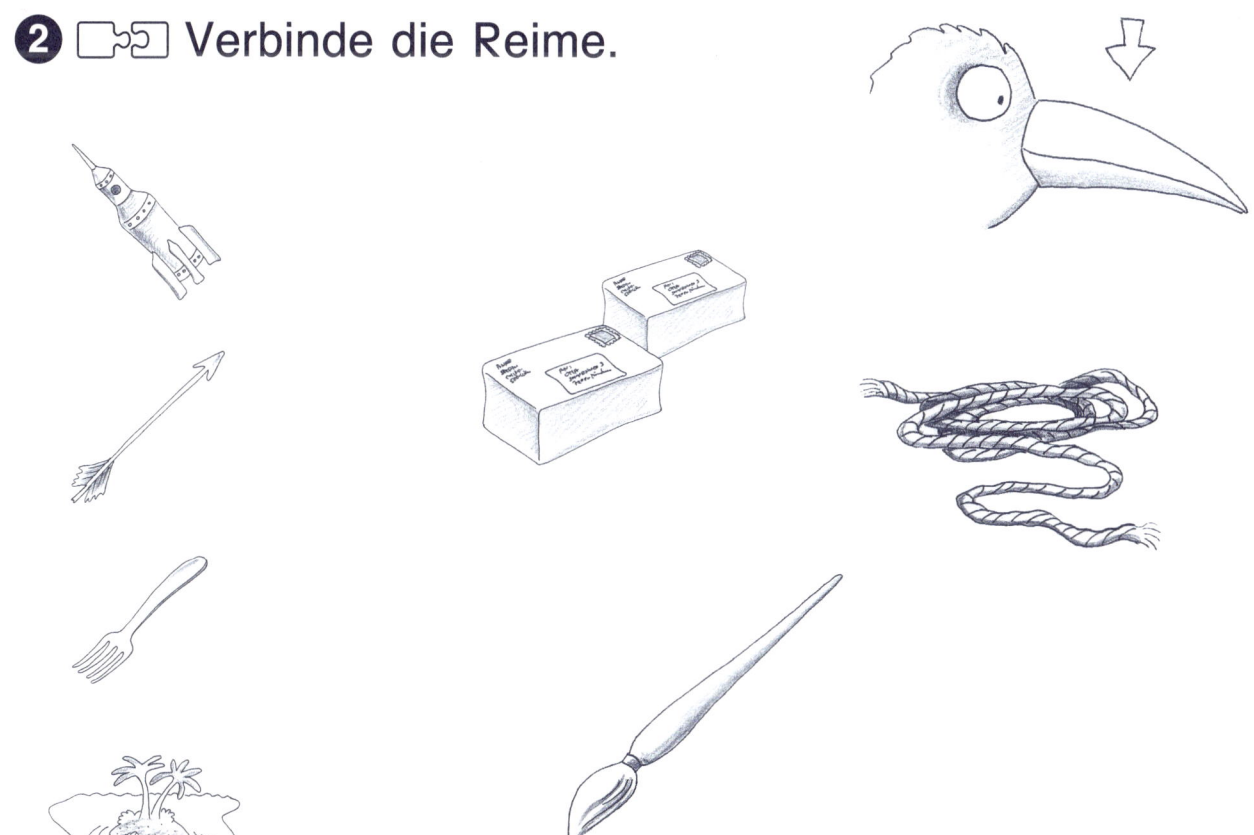

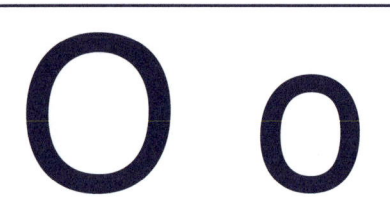

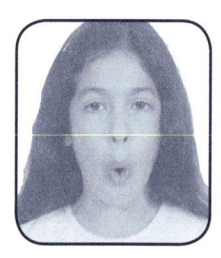

1 👂 ✏️ Höre und markiere.

2 ✏️ Male **O**.

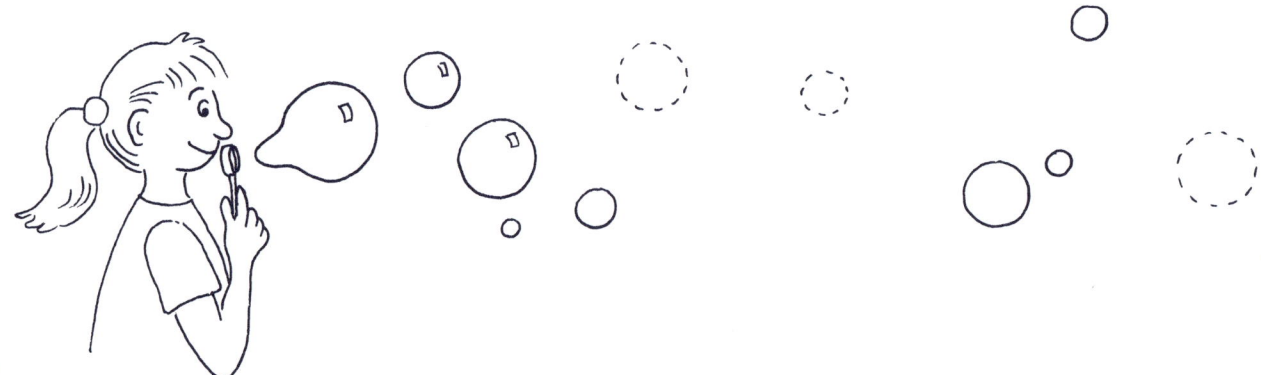

❶ ✏️ Schreibe.

O O O O

O O O

O O

❷ ✏️ Markiere **O**.

OKZOOMALOTTONKELWO

IMILOTTASOLILOSDOMINO

❸ 🦃 ✏️ Male Silbenbögen.

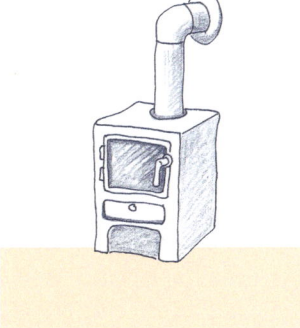

1 👂 ✏️ Höre und markiere.

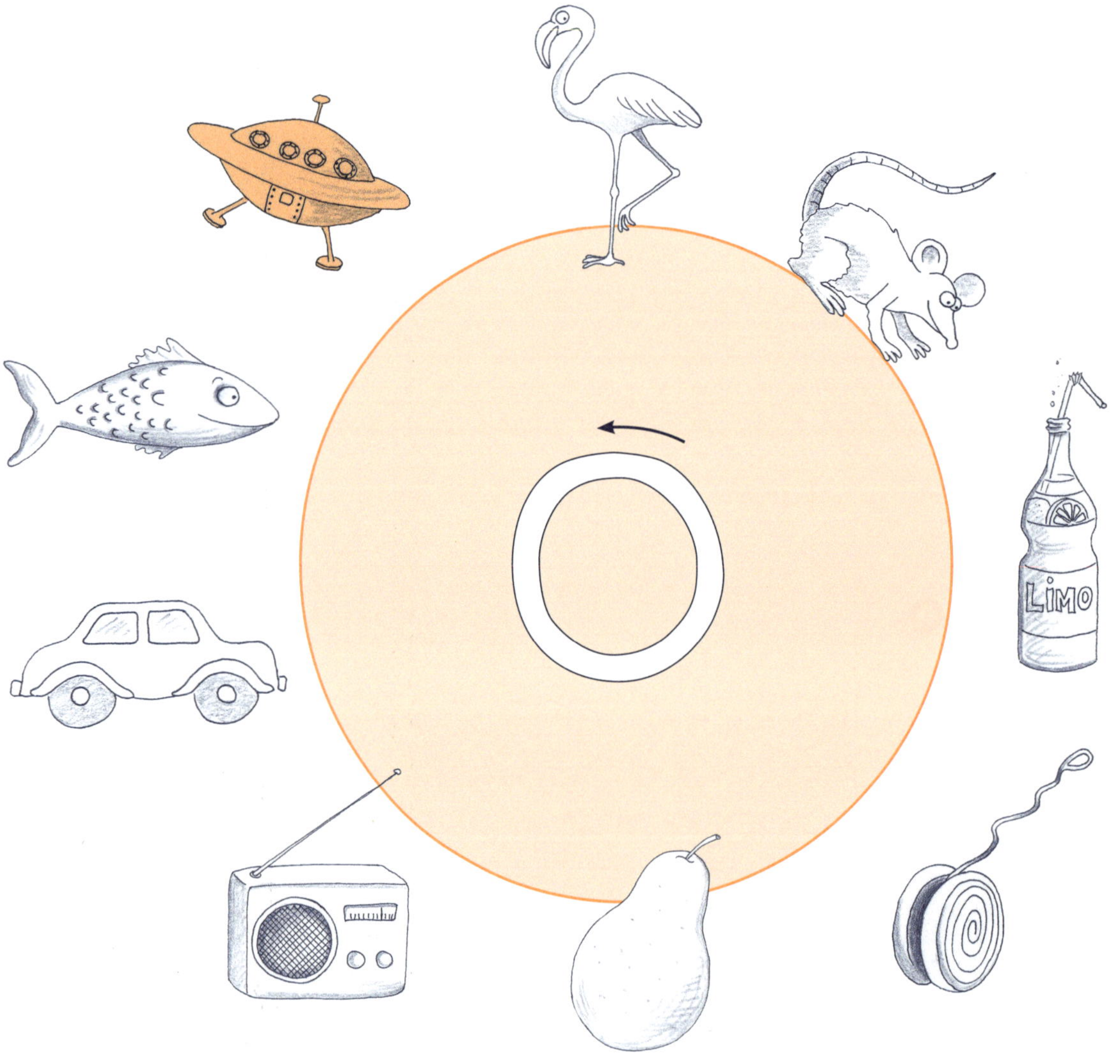

2 ✏️ Male **o**.

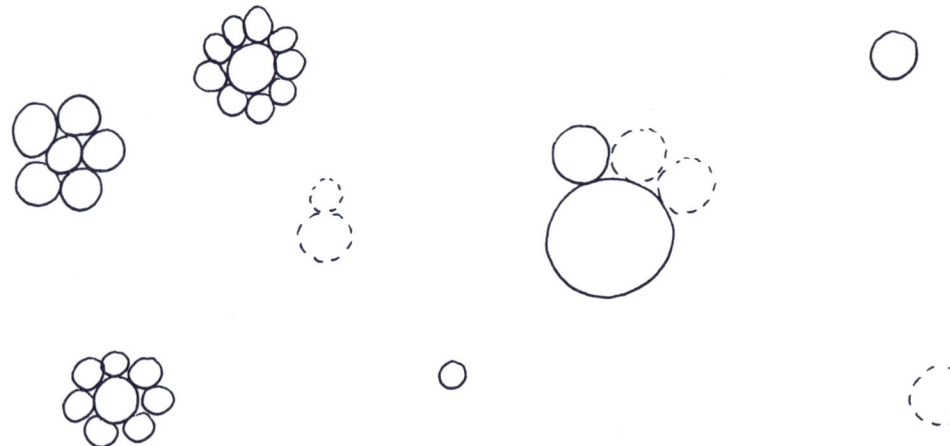

1 🖊 Schreibe.

O O O   O

O O   O

O   O

2 🖊 Male **O o** an.

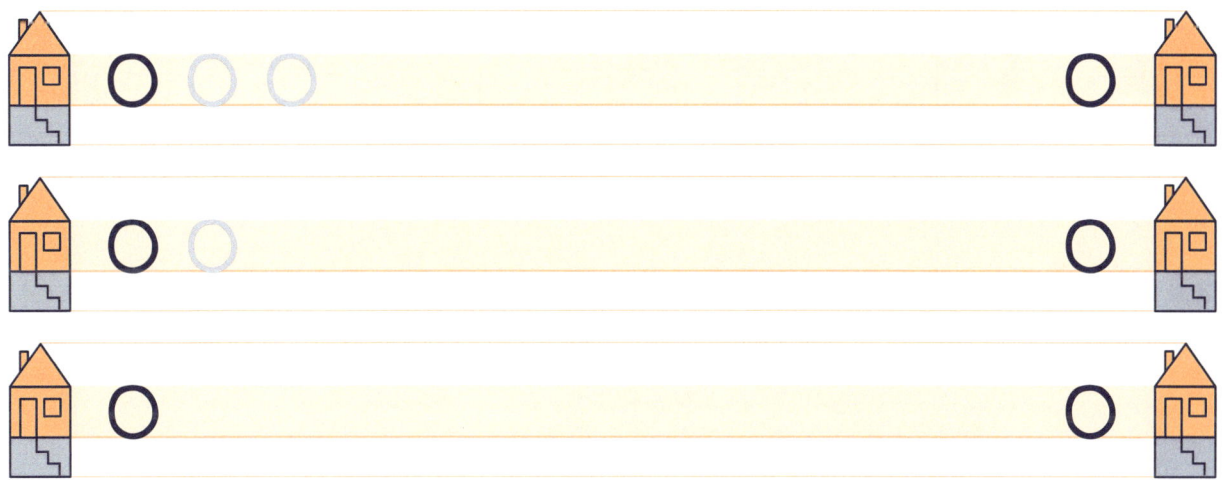

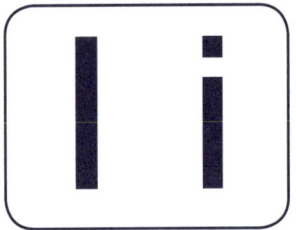   

1 ⇒👂 ✏️ Höre und markiere.

2 ✏️ Male Stacheln.

❶ ✏ Schreibe.

❷ ✏ Markiere **I**.

ICHBINIMIGLUINHELSINKI

BIRGITISTIMKINOINRIMINI

❸ 🐦 ✏ Male Silbenbögen.

❶ 👂 ✏️ Höre und markiere.

❷ ✏️ Male **i**.

❶ 🖉 Schreibe.

i i i · · · · · · · · · · · · · · i

i i · · · · · · · · · · · · · · i

i · · · · · · · · · · · · · · i

❷ 🖉 Male **l i** an.

L R N V T M
D
e f z S H
a i r
w i W i A K U
a m
Q p l l K M
p E O l f l r
F g L
l i e E G
t e s
T e i a
l i i o
E l l i
i l
H T W O
Z q A
B
N k h M t

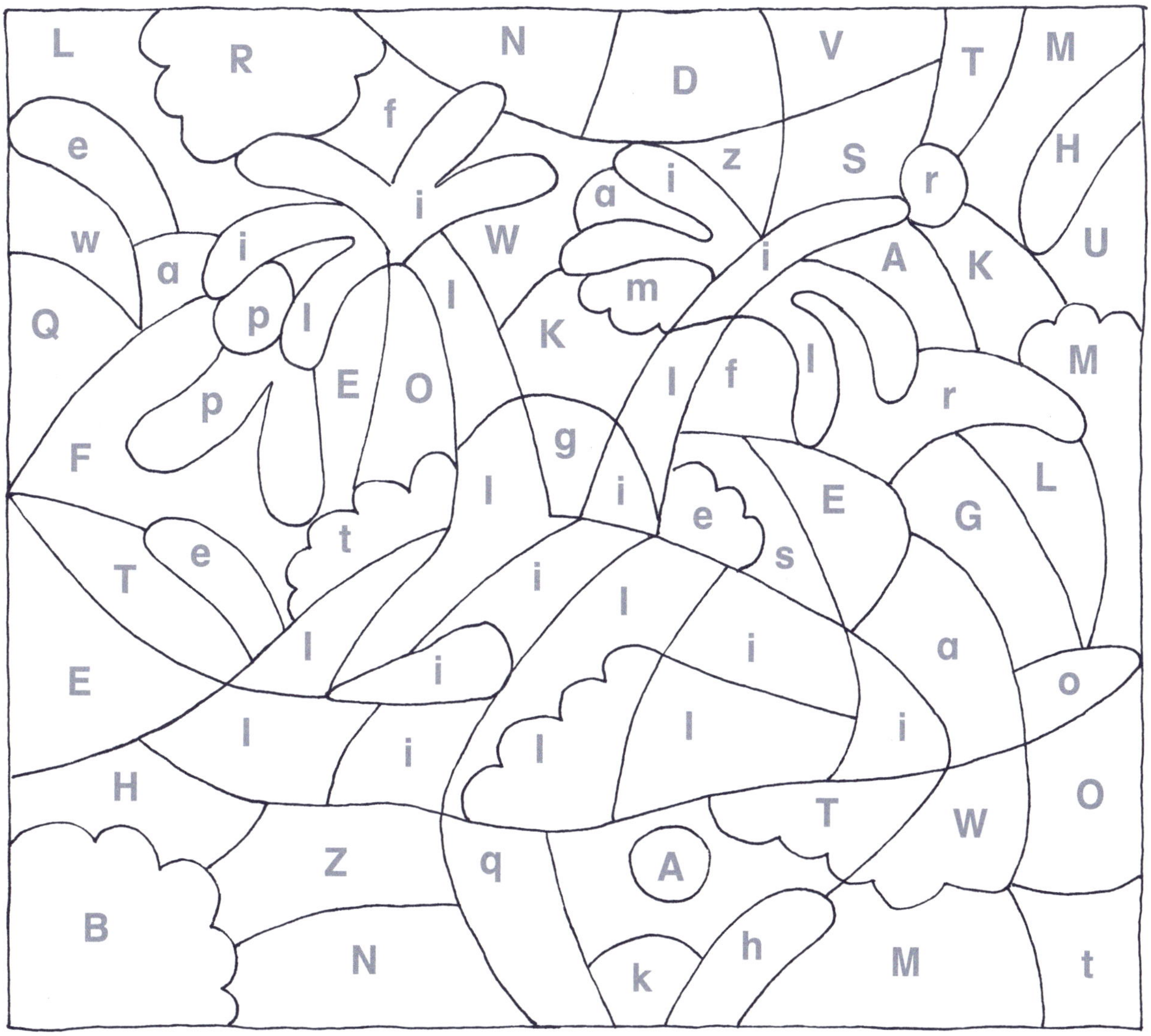

U u

  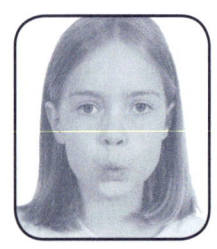

1 👂 ✏️ Höre und markiere.

2 ✏️ Male **U**.

22

❶ ✏ Schreibe.

❷ ✏ Markiere **U**.

L**U**LUUNDSUSUCHENUFOS

UHUSRUFENHEUTELAUT

❸ 🦃 ✏ Male Silbenbögen.

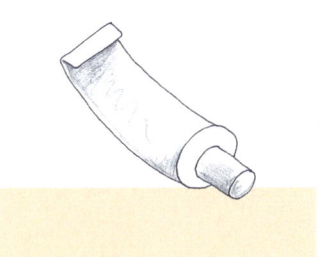

1 👂 ✏ Höre und markiere.

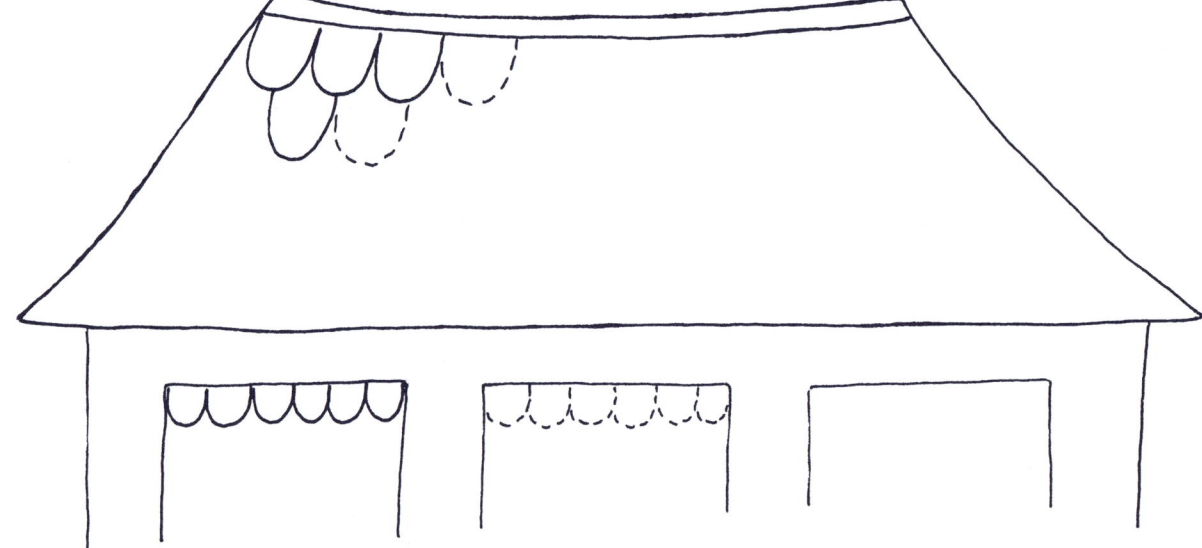

2 ✏ Male **u**.

❶ 🖉 Schreibe.

u u u   u

u u   u

u   u

❷ 🖉 Male **U u** an. Wohin fliegt das Ufo?

A	E	u	U	u	u	U	u	k	l
L	a	u	L	b	O	i	U	a	L
I	Z	U	u	A	Z	U	u	l	A
Y	I	G	u	M	a	u	k	f	k
U	U	B	U	u	y	U	A	U	u
i	U	k	X	U	l	u	P	u	o
F	u	U	K	u	F	u	j	U	H
K	e	u	i	U	L	U	a	u	A
H	P	u	u	U	E	u	u	U	k

A a

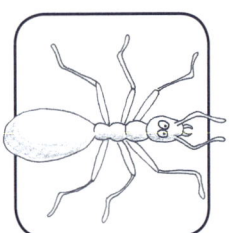 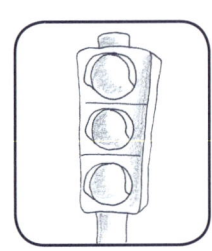 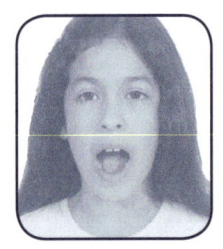

❶ 👂 ✏️ Höre und markiere.

❷ ✏️ Male **A**.

❶ ✏ Schreibe.

❷ ✏ Markiere **A**.

ALIUNDANNAMALENWALE

BANANENANANASPAPRIKAS

❸ 🐛✏ Male Silbenbögen.

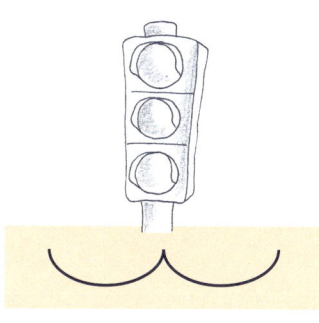

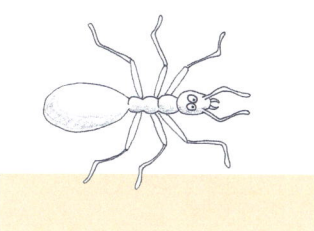

❶ 〉👂 🖊 Höre und markiere.

❷ 🖊 Male **a**.

❶ ✏️ Schreibe.

❷ ✏️ Male **A a** an.

E e

1 👂 ✏️ Höre und markiere.

2 ✏️ Male **E**.

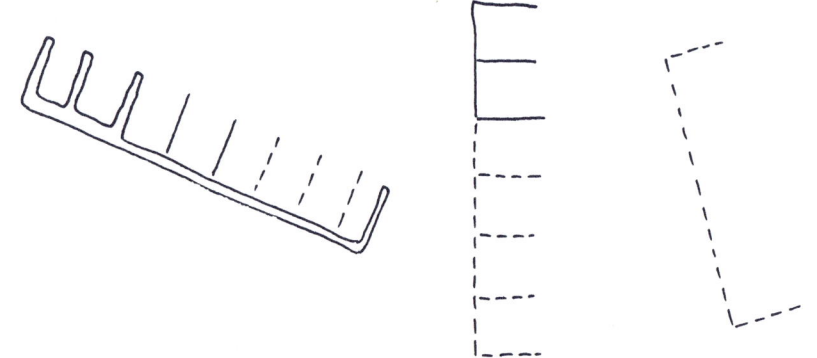

❶ ✏️ Schreibe.

E E E .... E

E E .... E

E .... E

❷ ✏️ Markiere **E**.

R**E**HEFRESSENGERNKLEE
ESELFRESSENEHERHEU

❸ 🦃 ✏️ Male Silbenbögen.

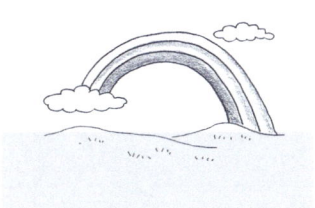

1 🎧 ✏️ Höre und markiere.

2 ✏️ Male **e**.

1 ✏️ Schreibe.

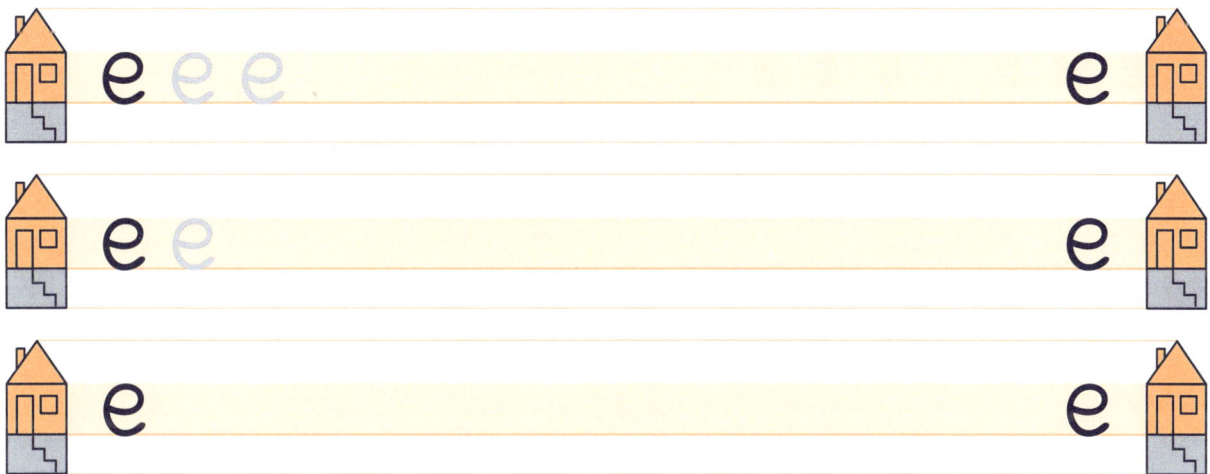

e e e   e

e e   e

e   e

2 ✏️ Male **E e** an.

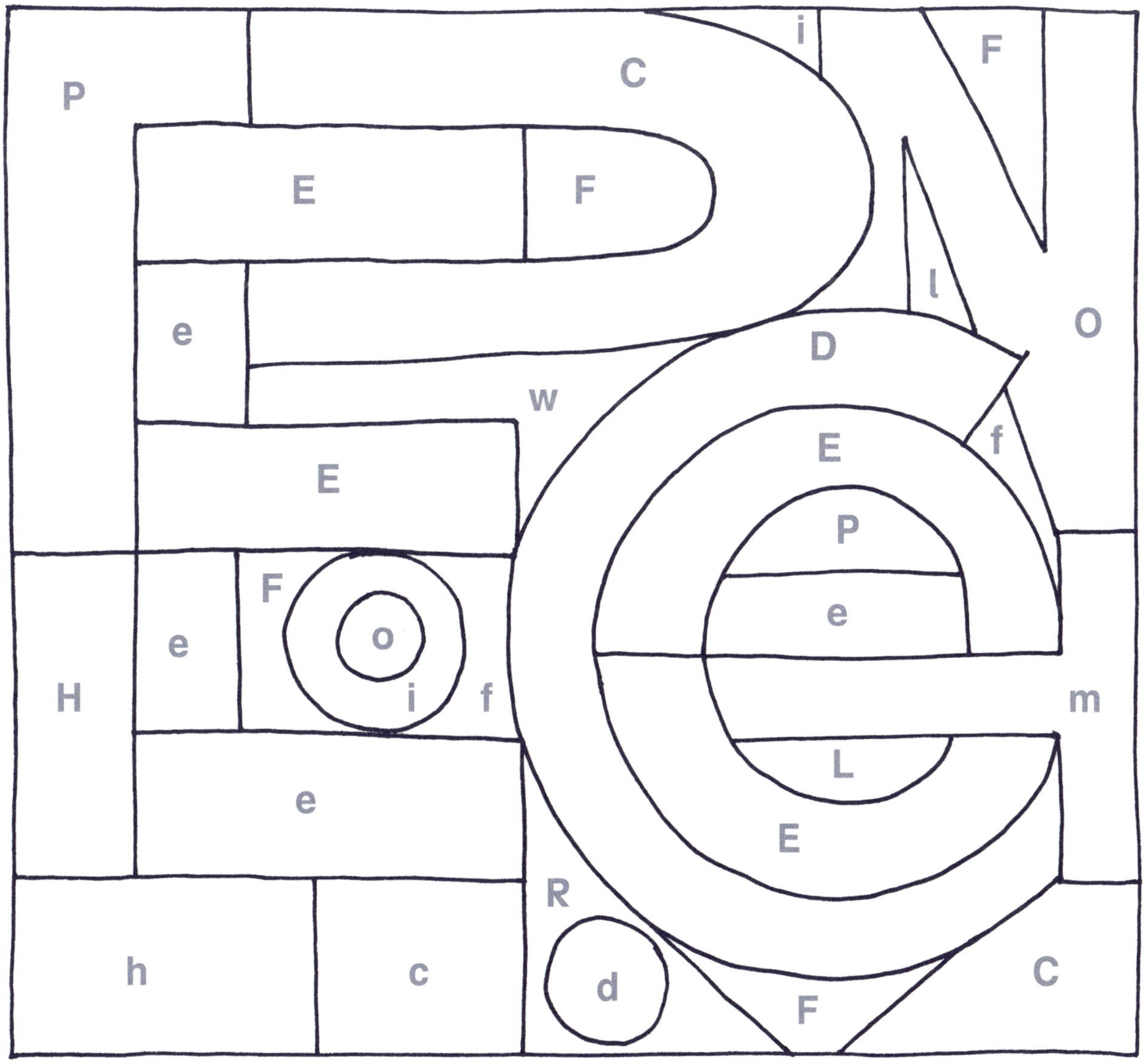

P   C   i   F

E   F

e   w   D   l   O

E   E   f

F   P

e   o   e

H   i   f   m

e   L

E

R

h   c   d   F   C

M m

 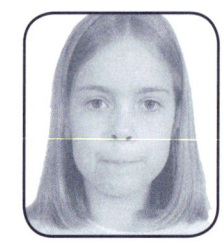

1 👂 ✏️ Höre und markiere.

M m

2 ✏️ Schreibe.

M   M

m   m

M m   M m

❶ ✏ Markiere **M**.

MAMIUNDOMAMALENEMUS
MÖWENKAMELLAMAWURM

❷ ✏ Schreibe.

Mama

Mami

Oma

❸ ⇗👂 ✏ In welcher Silbe hörst du **M m**?

❶ 👁 📄➡🔲 Lies und verbinde.

Ma	
Mo	
Mu	

Me	
Mu	
Ma	

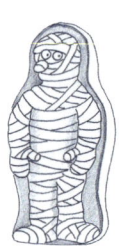

Mi	
Me	
Mu	

Mo	
Mi	
Ma	

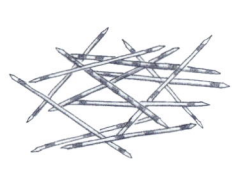

Me	
Mi	
Mo	

Me	
Mu	
Ma	

❷ 👁 📄➡🔲 Lies und verbinde.

❸ 🐦 ✏ Male Silbenbögen.

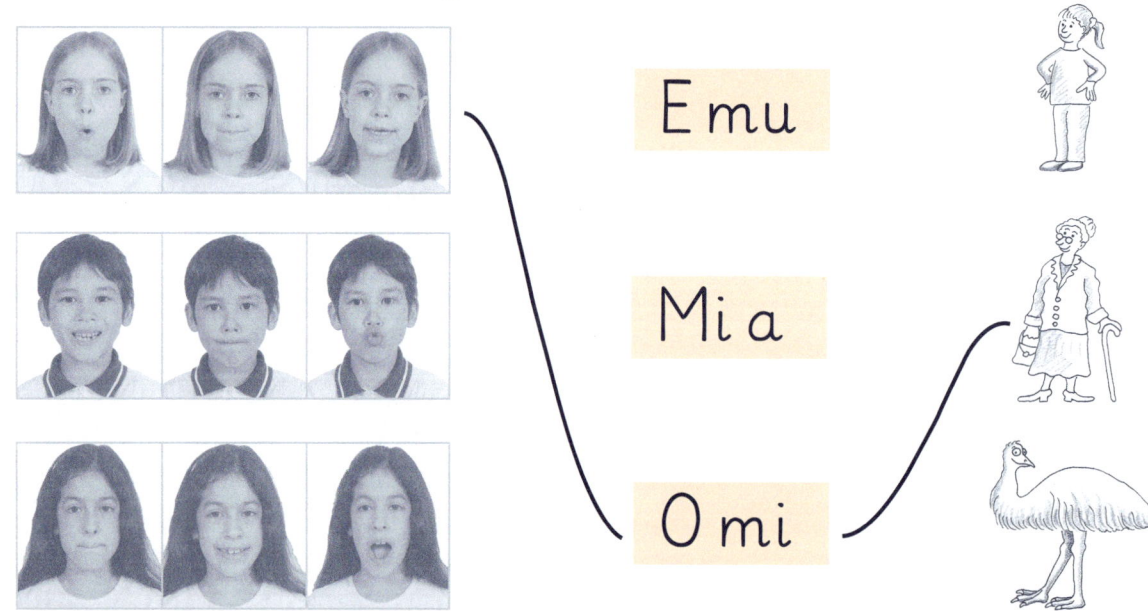

Emu

Mia

Omi

❹ ✏ Schreibe.

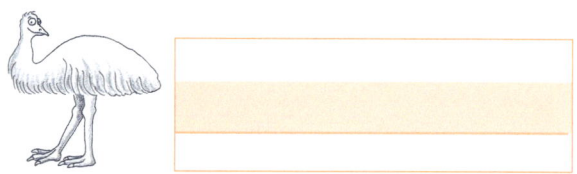

❶ 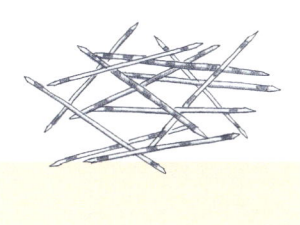 ✏️ Male Silbenbögen.

❷ ✏️ Male **M m** an. Was frisst die Maus?

t	J	m	M	m	H	J	I	o	w
z	L	m	D	M	i	e	l	T	s
k	G	m	H	m	A	m	M	m	j
p	M	M	F	M	l	M	P	m	o
M	m	e	M	m	a	m	Z	M	B
E	d	o	m	h	f	m	s	m	S
o	A	b	M	m	M	m	r	M	m

❸ ✏️ Schreibe oder male.

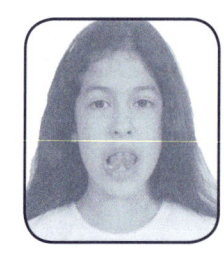

1 👂 ✏️ Höre und markiere.

2 ✏️ Schreibe.

1 👂 ✏️ In welcher Silbe hörst du **L l**?

2 ✏️ Schreibe.

Lola

lila

Limo

3 👁 🧩 Lies und verbinde.

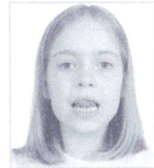   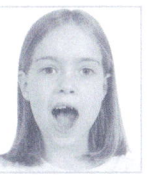

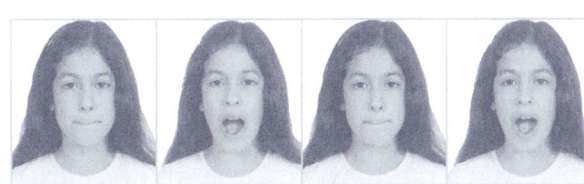

❶ 🖉 ⬜▶️🔲 Verbinde.

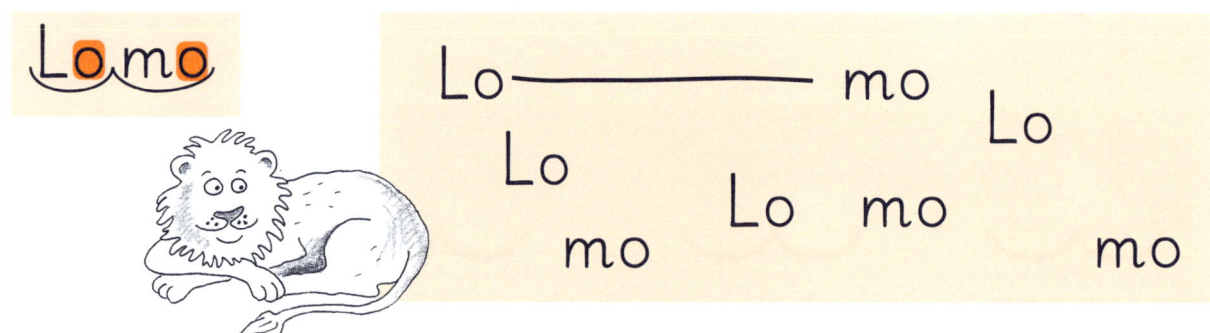

Lo ——————— mo
Lo   Lo
    mo   Lo   mo
                          mo

❷ 🖉 🕊️ Schreibe und male Silbenbögen.

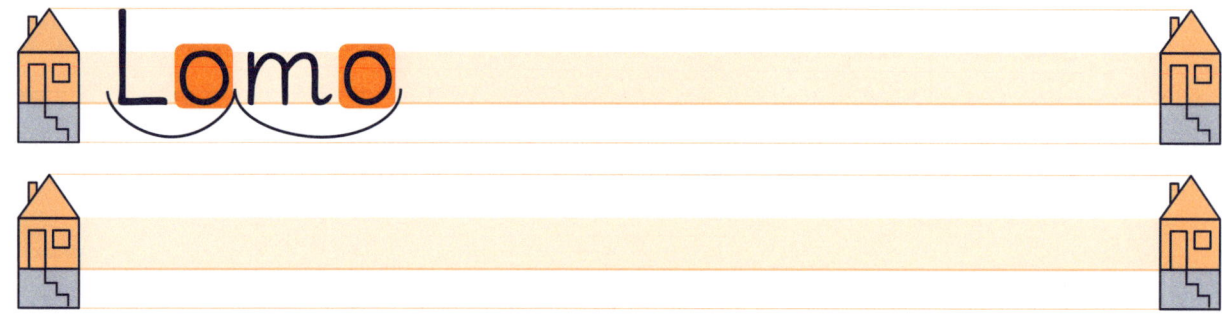

❸ 🖉 ⬜▶️🔲 Verbinde.

Le la

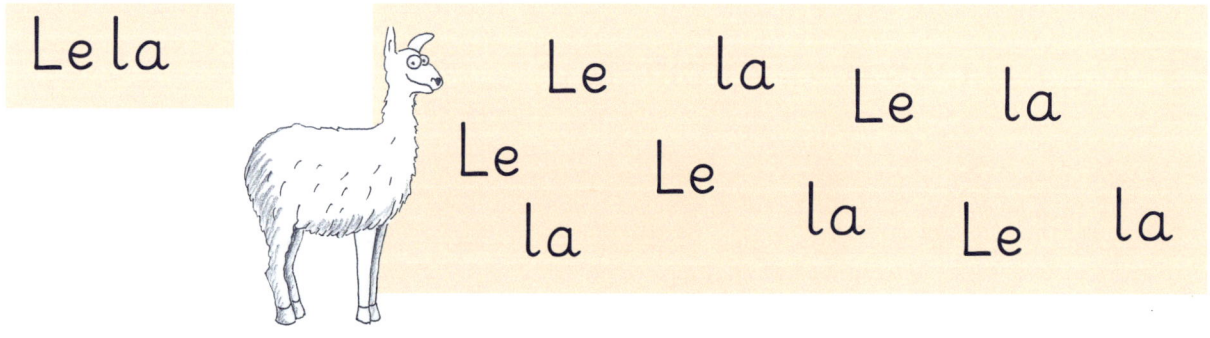

Le   la
              Le   la
Le   Le
    la   la   Le   la

❹ 🖉 🕊️ Schreibe und male Silbenbögen.

1 🦚 ✏️ Male Silbenbögen.

2 👁️ Lies die Namen.

E la   Li li   Le a   O le

Lola   Ali   Leo   Oma

3 👁️ 🧩 Lies mit Silbenbögen und verbinde.

O ma, ma le O le!

Ma ma, ma le Li lo!

O le, ma le Lo mo!

4 ✏️ Schreibe oder male.

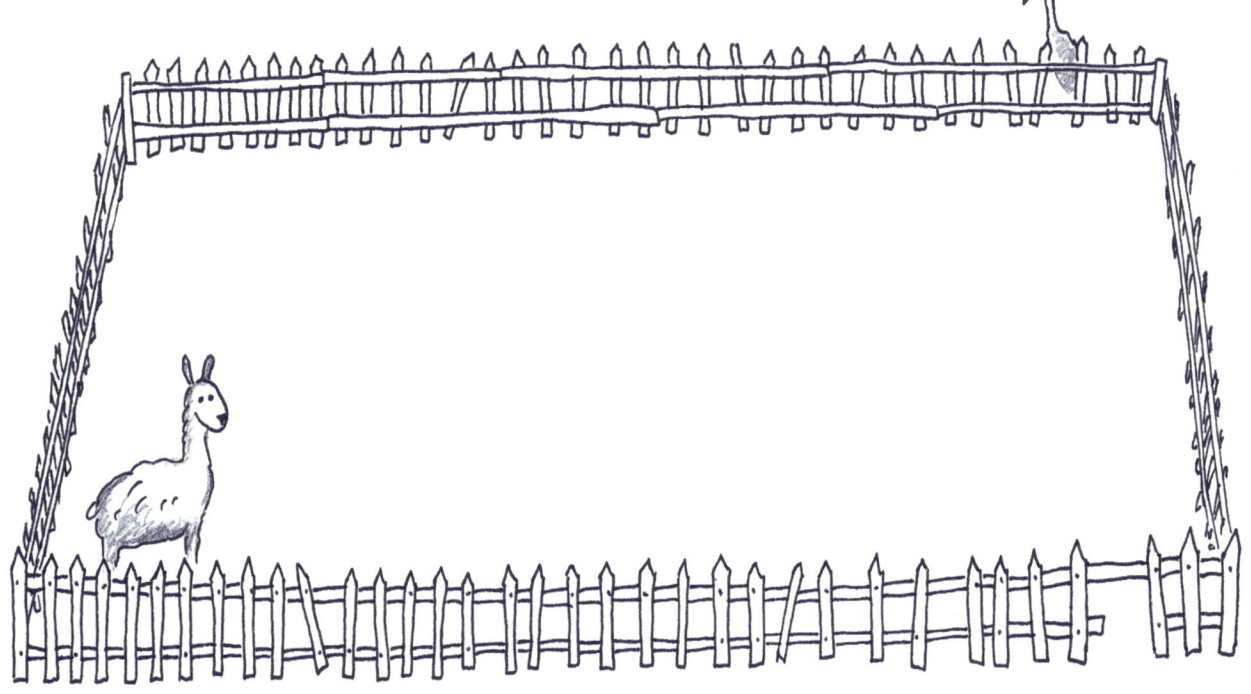

1 👂 ✏️ Höre und markiere.

S s

2 ✏️ Schreibe.

S   S

s   s

S s   S s

1 🐦 ✏️ Male Silbenbögen.

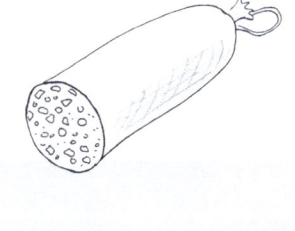

2 ✏️ Schreibe.

SO

Susi

Salami

3 👂 ✏️ In welcher Silbe hörst du **S s**?

1 👁 ✏ Lies und schreibe.

2 🔲↪🔳 Verbinde.

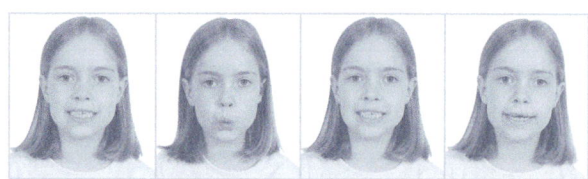

| S | u | | |

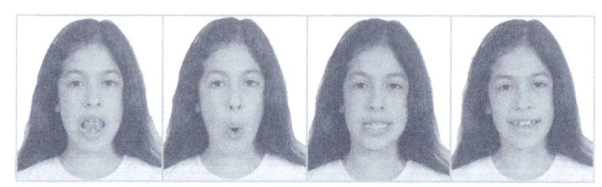

3 👁 🦃 Was stimmt? Lies und kreuze an.

| Me lo sa ☐ | Sa lo me ☐ | La me sa ☐ |
| Sa mi la ☐ | La sa mi ☐ | Sa la mi ☐ |

❶ ✏ Male **S s** an.

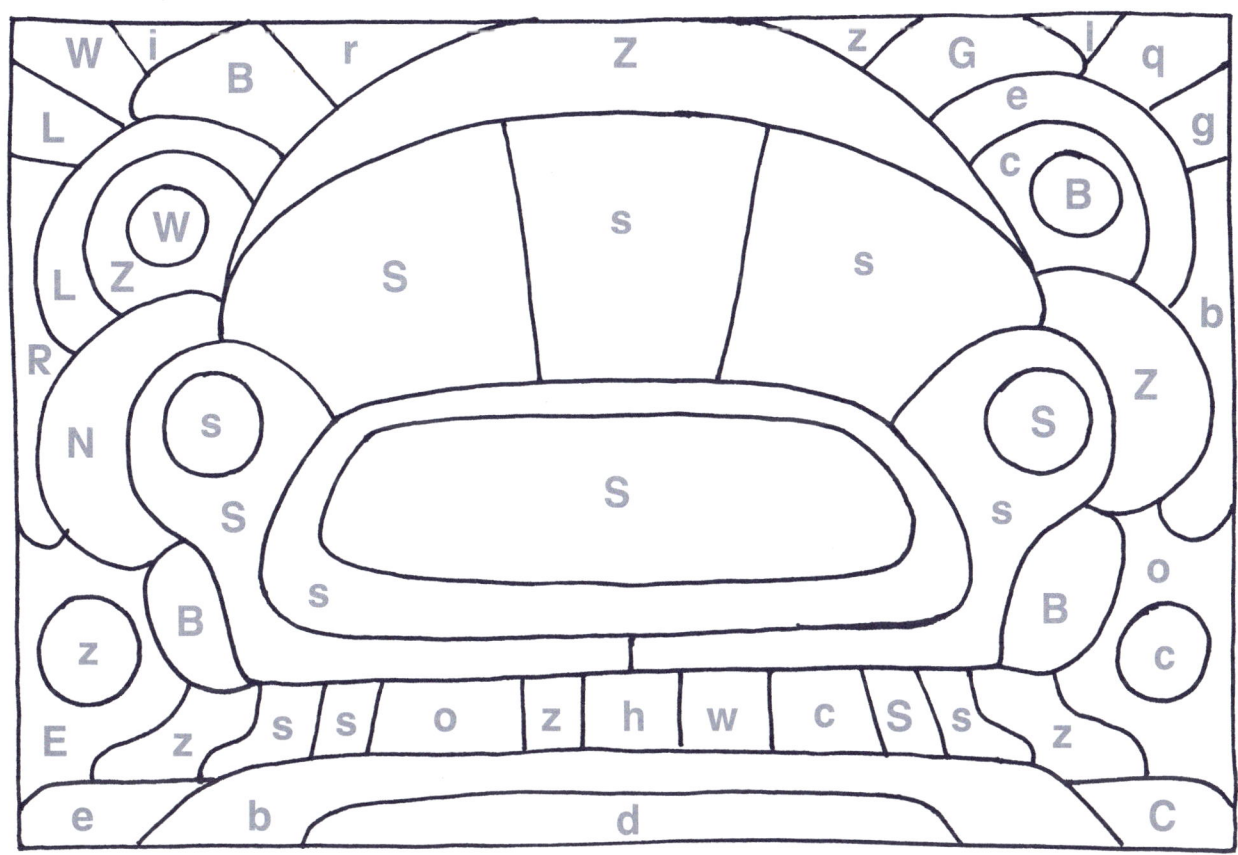

❷ ✏ Male oder schreibe.

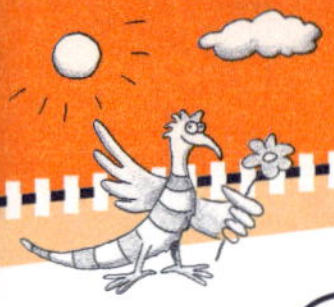

W w

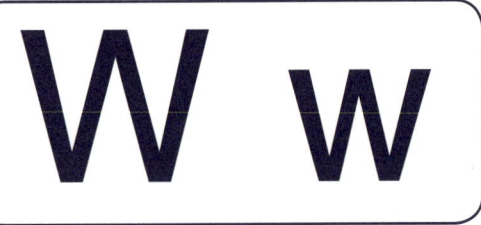   

1 👂 ✏️ Höre und markiere.

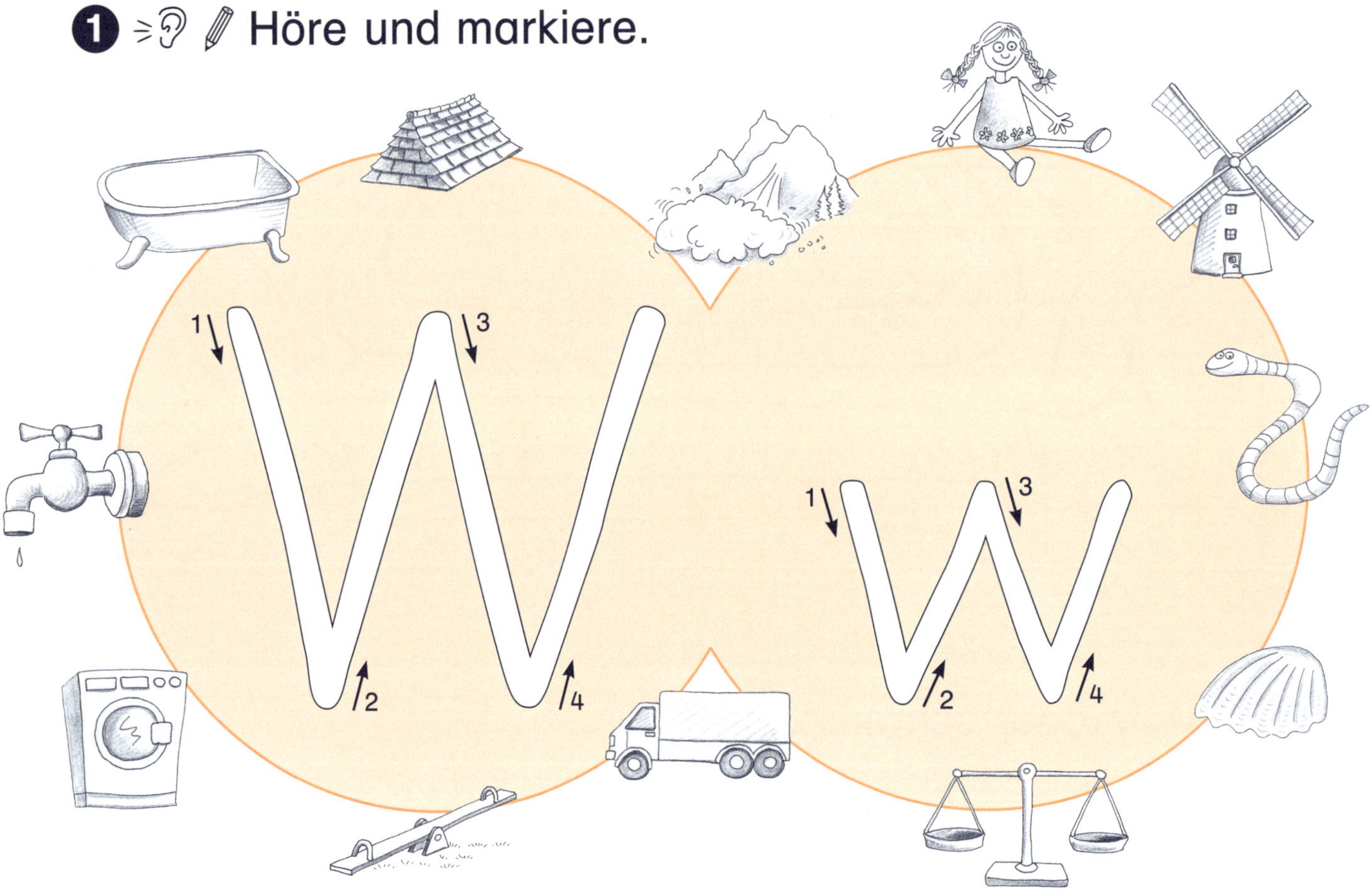

2 ✏️ Schreibe.

❶ ✏ Markiere **W**.

WASWILLWILLIWOWISSEN?

WOWARUMWASWOHINWER

❷ ✏ Schreibe.

Wale

wo

Wasili

❸ 🦻 ✏ In welcher Silbe hörst du **W w**?

1 ✎ Male Silbenbögen.

2 👁 ✎ Lies und schreibe.

Lisa   Wasili   Wale   Limo   Milo

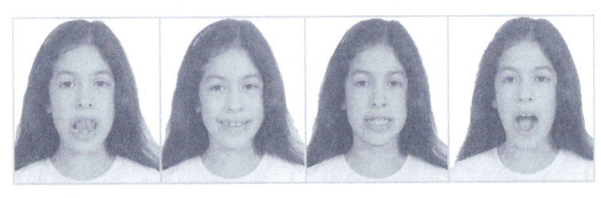   
Lisa

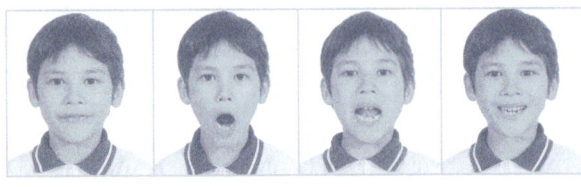

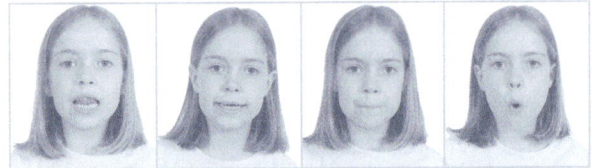   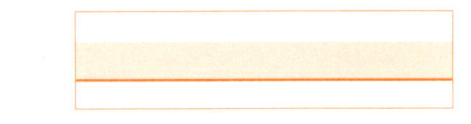

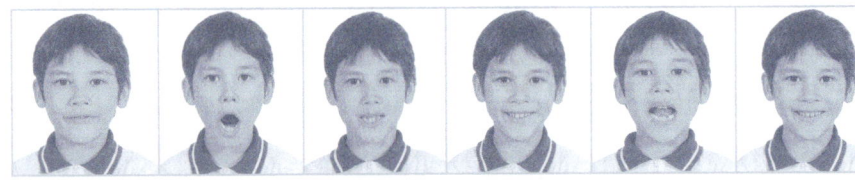   

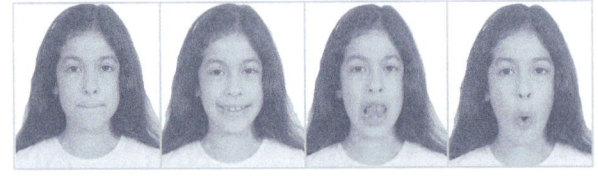   

3 Male Silbenbögen.

wo	ma le	Wa le	Su si
so	Oma	Lama	Salami

❶ 🐦 ✏️ **Male Silbenbögen.**

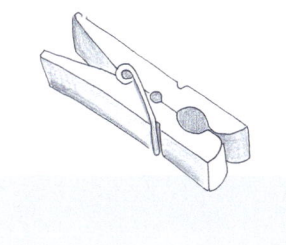

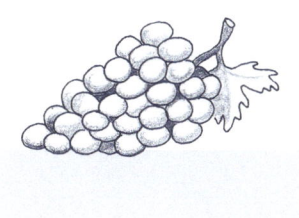

❷ ✏️ **Male oder schreibe.**

R r

 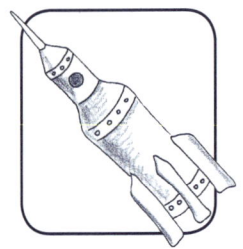 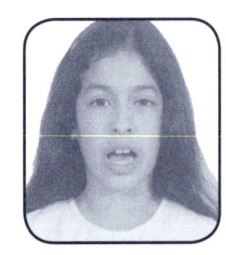

1 🦻 ✏️ Höre und markiere.

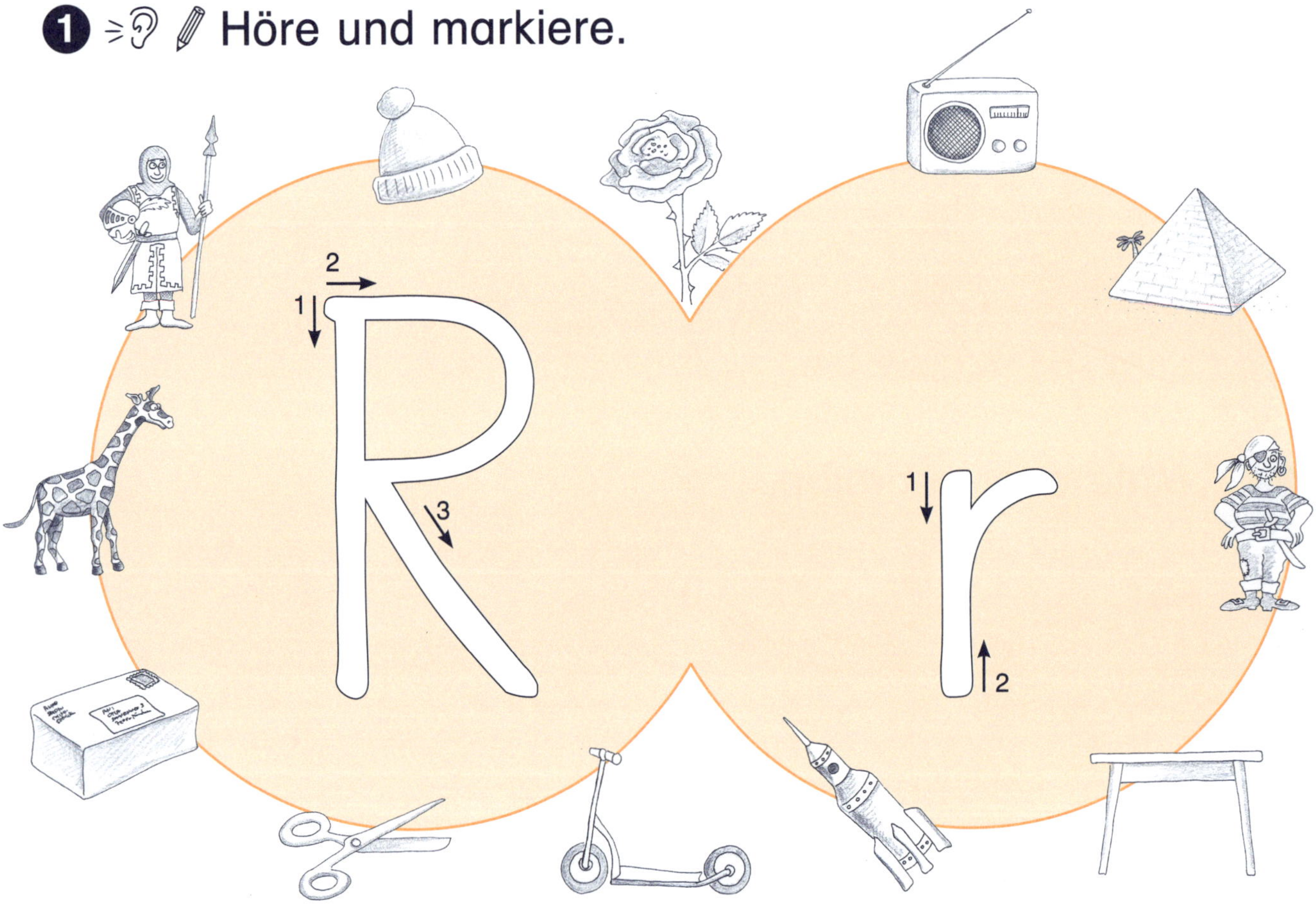

R r

2 ✏️ Schreibe.

R   R

r   r

Rr   Rr

1 ✏ Male **R r** an.

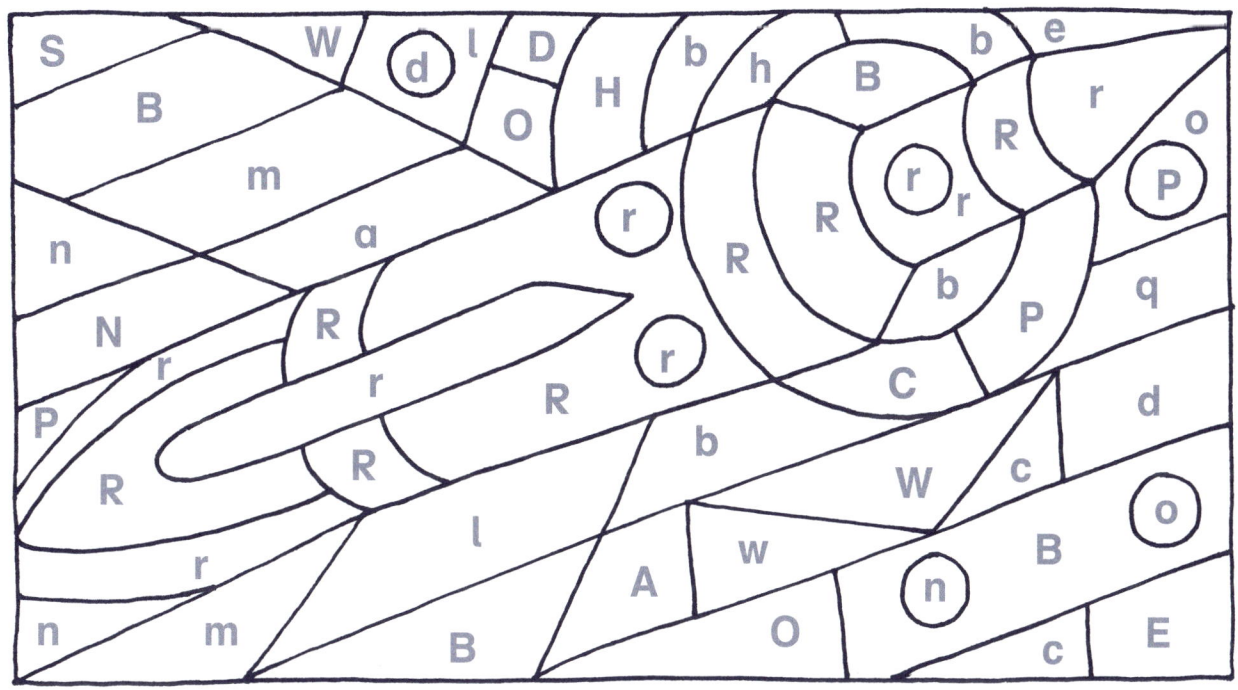

2 ✏ Schreibe.

Rose

rosa

Marisa

3 🐦✏ Male Silbenbögen.

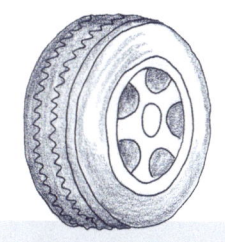

❶ ✏️ 👁️ Schreibe und lies.

	o	i	u	a	e
R	Ro				
r					

❷ 👁️ 🧩 Lies und verbinde.

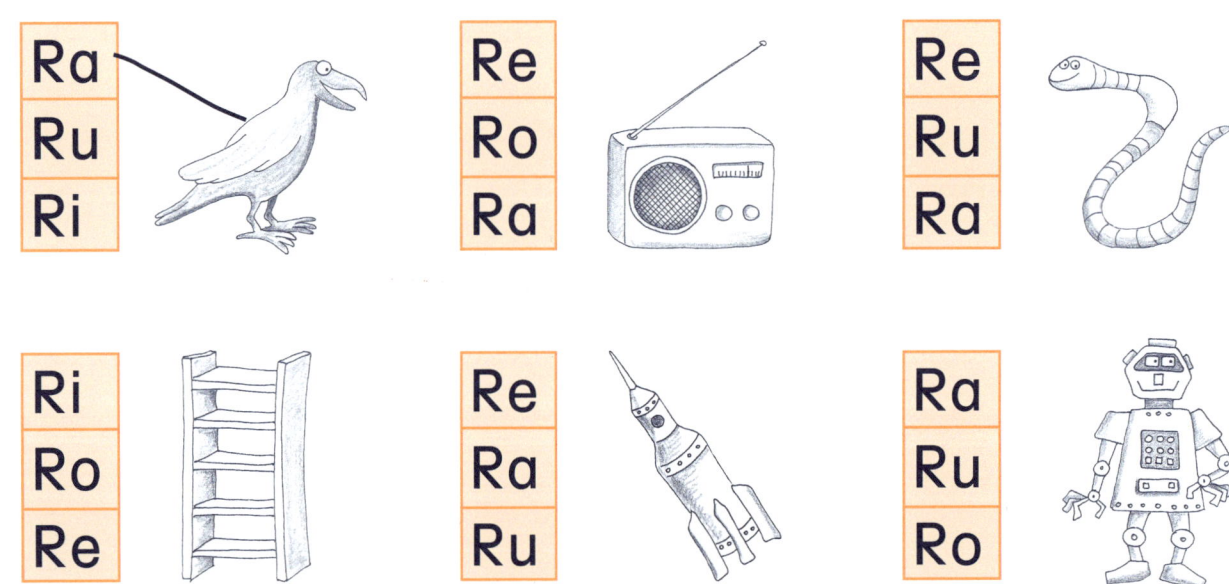

Ra
Ru
Ri

Re
Ro
Ra

Re
Ru
Ra

Ri
Ro
Re

Re
Ra
Ru

Ra
Ru
Ro

❸ ✏️ Schreibe die erste Silbe.

❶ 👂 ✏️ In welcher Silbe hörst du **R r**?

❷ ✏️ Schreibe Buchstaben oder Wörter.

  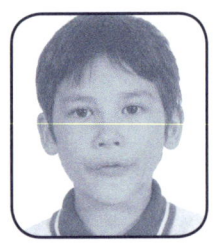 

1 👂 ✏️ Höre und markiere.

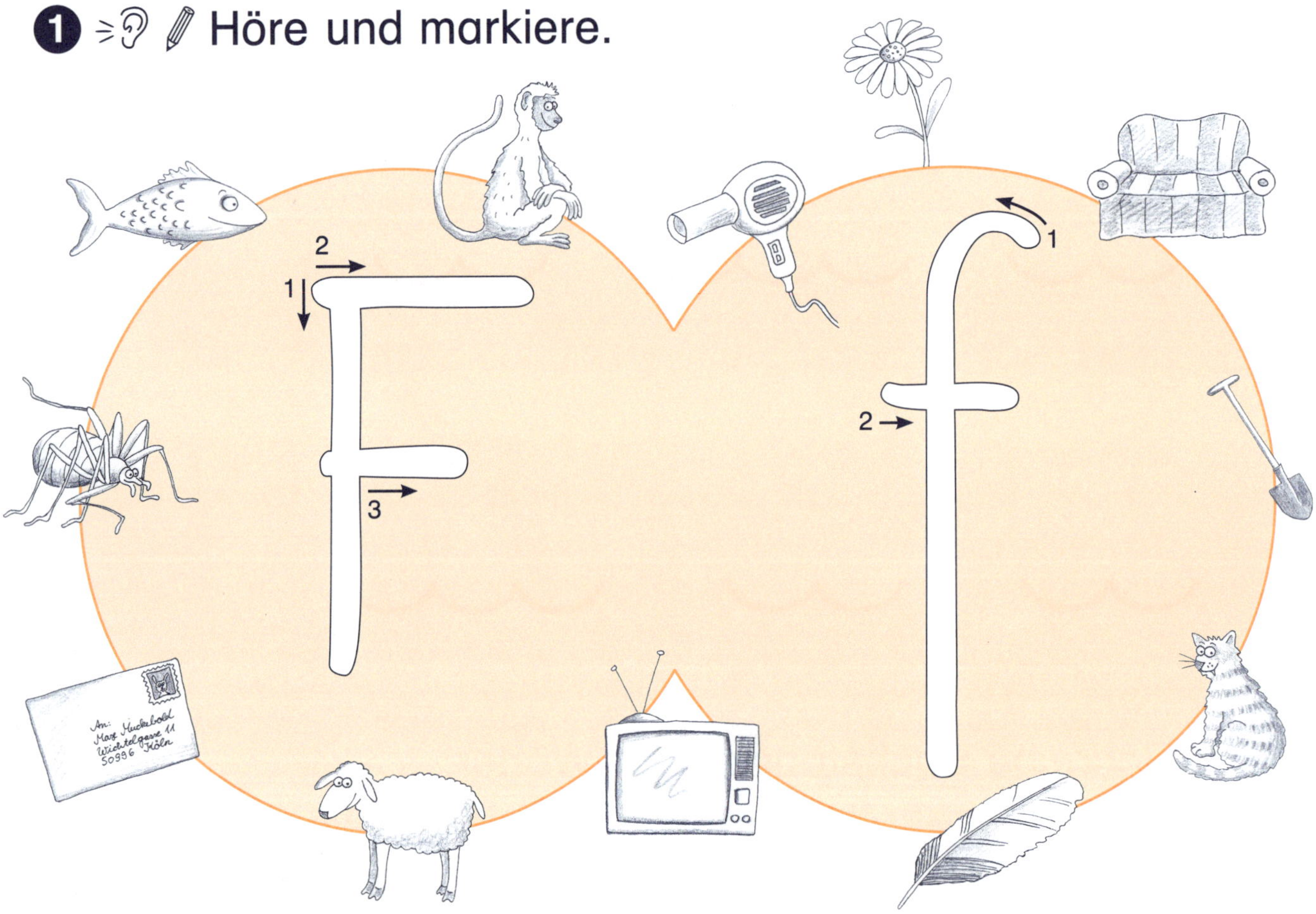

2 ✏️ Schreibe.

1 👁 🧩 Lies und verbinde.

U	fo
	fe
	mu

ru	fu
	fa
	fe

So	fe
	fa
	fo

Ro	su
	fe
	se

2 🦃✏️ Male Silbenbögen.

3 👁 🧩 Lies und verbinde.

4 🦃✏️ Schreibe und male Silbenbögen.

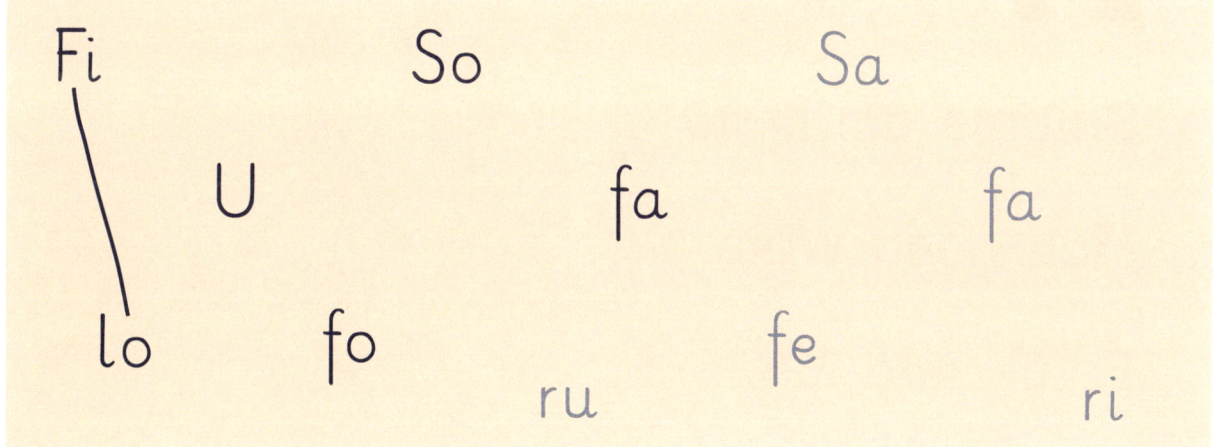

Fi   So   Sa

U   fa   fa

lo   fo   fe

ru   ri

Fi

1 👁 ✏️ Male **F f** an. Was angelt Femi?

E	g	T	m	t	l	u	T	e	s
F	f	F	r	E	t	T	L	w	l
L	r	f	F	w	e	R	E	R	j
R	l	m	f	T	g	g	f	F	f
e	t	d	f	r	k	F	F	L	t
t	f	f	F	t	w	f	l	r	R
g	F	l	T	t	T	F	r	E	e
E	f	F	f	f	F	F	T	W	T

2 👁 🐦 Lies mit Silbenbögen.

Oma am Sofa

Salome am Mofa

Male rosa Wale.

Femi, rufe Filo!

3 👂 ✏️ In welcher Silbe hörst du **F f**?

1 👄 ✏️ Wo sprichst du **F f**? Wo sprichst du **W w**?

Prüfe mit den Lautgebärden.

F   W

2 ✏️ Male oder schreibe.

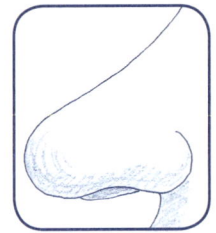
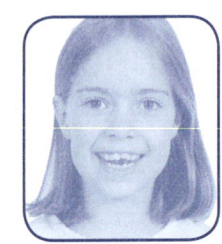

1 👂 ✏️ Höre und markiere.

2 ✏️ Schreibe.

N   N

n   n

Nn   Nn

❶ 🖊 Kreise **NINA** ein.

ANINANANIHNANNINANANINANANIHNAN

❷ ⋙👂 🖊 In welcher Silbe hörst du **N n**?

❸ 🖊 Schreibe.

Nase

Name

nun

❶ ✏ 👀 Schreibe und lies.

	o	i	u	a	e
N	No				
n					

❷ 👀 ✏ Lies und schreibe. Markiere die Piloten.

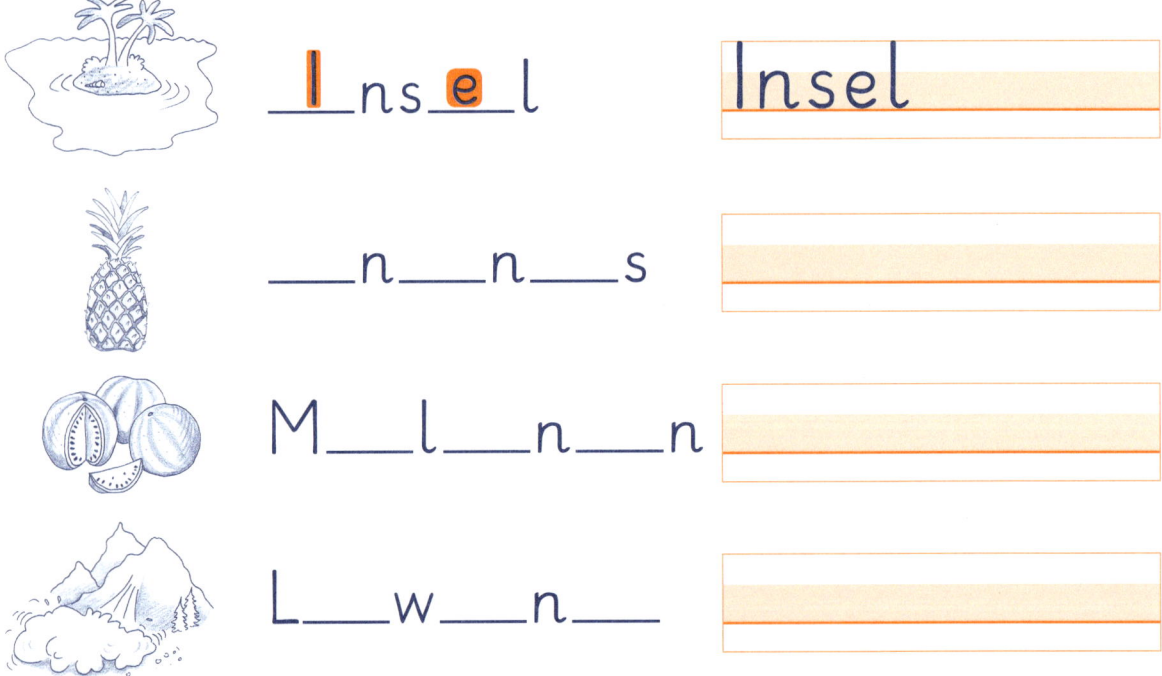

__I__ns__e__l   Insel

__n__n__s

M__l__n__n

L__w__n__

❸ 🐦 ✏ Male Silbenbögen.

1  Sprich, höre und schreibe.

In   ma   Me   fa   Wal

Na   So   ne   se   La   lo   sel

2 Schreibe oder male.

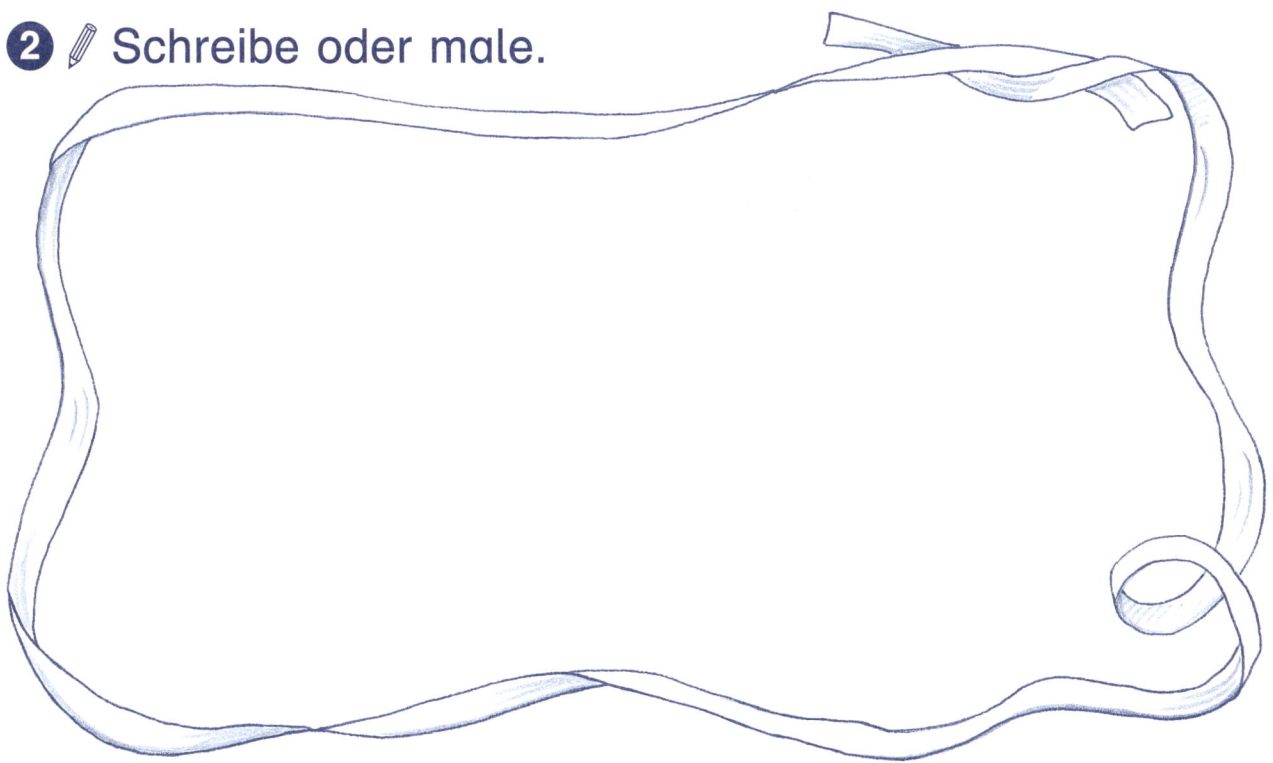

T t

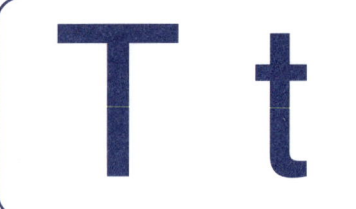

1 👂✏️ Höre und markiere.

2 ✏️ Schreibe.

1  Male Silbenbögen.

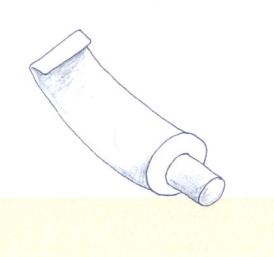 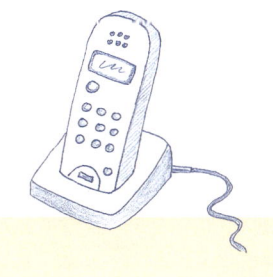 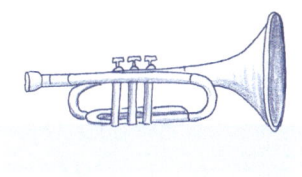

2 🖉 Schreibe.

Tor

Tomate

turnen

3 🖉 Male **T t** an. Mit wem telefoniert Milo?

T	t	t	f	a	l	E	s	e	l
o	L	T	a	f	e	l	E	L	F
m	i	t	f	E	M	U	f	o	O
i	m	T	L	u	f	t	T	t	t
L	t	t	u	t	T	T	l	i	f
o	T	f	o	T	a	n	n	e	o
L	t	T	t	T	e	l	e	d	o

Inhaltsverzeichnis